Ein Geschenk für

mit den besten Wünschen von

Für meine Eltern

Bestell-Nr. RKW 5138

© 2015 by Reinhard Kawohl 46485 Wesel
Verlag für Jugend und Gemeinde

Fotos und Copyrightangaben: siehe Seite 123

Gestaltung und Zusammenstellung: RKW

Druck und Bindung:
Drukarnia Dimograf, Bielsko-Biała, Polen

ISBN: 978-3-86338-138-7

www.kawohl.de

Reingard Schwenger

Wer bist du?

Auf Spurensuche mit den
ICH-BIN Worten Jesu

kawohl

Inhaltsverzeichnis

Wer bist du, Gott?

Und wie bist du?

Vorwort

Gott hat sich selbst als „Ich bin, der ich bin" vorgestellt. Geheimnisvoll und doch ganz einfach. Gott ist. Das ist genug und mehr gibt es dazu nicht zu sagen. Den Menschen, die sich ihm nahen, zeigt er sich, Stück für Stück. Und bleibt zugleich verborgen. Kein Mensch kann ihn ganz erkennen. Unser Wissen ist Stückwerk, auch und gerade, was Gott betrifft. Man kann ihn nicht einordnen oder festlegen. Gott ist nicht planbar, nicht vorhersehbar und manchmal verstehe ich ihn nicht.

Überraschend ist oft sein Handeln und die Begegnung mit ihm. Unerwartet berührt er mein Herz und spricht zu mir. Dann wieder scheint er so fern zu sein, nicht erreichbar für mich und ich tappe suchend und vorsichtig tastend wie im Nebel durch mein Leben. Ist Gott nicht mehr da? Oder bin nur ich blind für seine Gegenwart?

Der Prophet Jesaja hat geschrieben: „Seht! Die Jungfrau wird ein Kind erwarten! Sie wird einem Sohn das Leben schenken und er wird Immanuel genannt werden. Das heißt: Gott ist mit uns."

Als Jesus in diese Welt kam, ist Gott Mensch geworden. Das Wort von Jesaja hat sich erfüllt: In Jesus war und ist Gott mitten unter uns!

Jesus kam, um Gott den Menschen vorzustellen. Wer Jesus ansieht, der sieht Gott an. Und wer Jesus begegnet, der begegnet Gott.

Möchten Sie Gott besser kennenlernen?
Dann lade ich Sie ein, mit mir auf Spurensuche zu gehen
und sich mit mir die ICH-BIN Worte Jesu anzuschauen.
Lassen Sie die Worte und Bilder auf sich wirken.

Weiterführende Bibelworte, lebensnahe Geschichten,
Mut machende Impulse und herausfordernde Gedanken
möchten weitere Anstöße zum Weiterdenken sein.

Ich wünsche Ihnen, dass Gott Ihnen begegnet.

Reingard Schwenger

Ich bin ...

Ich bin das Brot des Lebens.
Wer zu mir kommt, wird nie wieder hungern.
Johannes 6,35

... das Brot des Lebens

Satt und zufrieden

Ich kann mir kaum etwas Besseres vorstellen, als ein frisches, selbst gebackenes Brot. Wenn ich nur an die würzige, knusprige Kruste und den weichen Kern denke, läuft mir das Wasser im Mund zusammen.

Heute steht mir der Sinn danach, solch ein Brot zu backen. Der abgewogene Weizen rieselt in die laufende Getreidemühle und unten heraus kommt warmes, frisch duftendes Mehl. Fein gemahlen ist es, fast wie Staub. Ich verrühre einen Teil davon mit Wasser und Hefe und gebe dem Gemisch die Zeit, zu gären. Der Rest des Mehles und etwas Salz kommen nun dazu und nach längerem, kräftigen Kneten entsteht ein elastischer Brotteig, den ich in eine Backform gebe, um ihn über der Heizung gehen zu lassen. Nach einer halben Stunde steht der Teig über der Form und ist reif für die Backröhre. Während das Brot im Ofen bäckt, zieht ein heimeliger Duft durch die ganze Wohnung. Verheißungsvoll riecht das - und ein Stück nach „Zuhause".

Eine Stunde später ist der Laib fertig. Bewaffnet mit zwei Topflappen bugsiere ich die Form aus dem Ofen und stürze das dampfende Brot zum Auskühlen auf ein Kuchengitter. Nun heißt es geduldig warten bis das Brot abgekühlt ist.

Zum Abendessen ist es so weit: Ich schneide mir mit einem scharfen Messer eine dicke Scheibe ab, streiche Butter darauf und beiße herzhaft hinein. Meine Geschmacksnerven werden gekitzelt und ich halte für einen Moment inne und schließe die Augen, um den Geschmack zu genießen. Mmh, köstlich! Es schmeckt so lecker! Dafür lasse ich alles andere stehen und esse mich satt an dem frischen, herzhaften Vollkornbrot! Was brauche ich mehr?

Brot meines Lebens

Jesus sagt von sich,
dass er das Brot des Lebens ist.
Ich darf mit meinem Hunger
und meiner Sehnsucht nach Leben
zu ihm kommen und er hat zugesagt,
mich satt zu machen.

Ein Leben mit Jesus macht zufrieden,
ich leide keinen Mangel.
Er füllt aus, wo sich Leere
in mir ausbreiten will,
er durchströmt mein ganzes Sein.

Glück und Zufriedenheit
durchdringen alles, wo vorher Traurigkeit
und Unzufriedenheit waren.

Ich habe selber den Zugang zu Jesus,
darf vom Brot des Lebens schmecken.
Ich kann mit ihm reden,
wann und wo immer ich möchte.

Ich kann sein Wort lesen,
so oft ich danach Verlangen habe.
Er kommt mir nahe,
wenn ich Zeit mit ihm verbringe.
Er rührt mich an und bewegt mein Leben.
Er ist das Brot meines Lebens
und sättigt mich Tag für Tag.

Was brauche ich mehr?

Ich liebe Brot und kann mir nur schwer vorstellen,
dauerhaft ohne Brot auszukommen.
Brot ist für mich und einen großen Teil
der Menschheit ein Grundnahrungsmittel.
Jesus ist Wort und Brot.

Jedes Wort aus seinem Mund ist mein tägliches Brot,
mein geistliches Grundnahrungsmittel.
Es erhält mich am Leben, es stärkt und ermutigt mich.
Sein Wort gibt mir Zuversicht und Hoffnung
und Wegweisung.

Schenk uns heute unser tägliches Brot.

Matthäus 6,11

Brot der Liebe

Es war im Juni 1945. Zusammen mit vielen anderen Soldaten wurde er als Gefangener nach Frankreich deportiert. Auf der Fahrt in das feindliche Land saßen sie zusammengepfercht in offenen Eisenbahnwaggons, der heißen Sonne und dem Regen ungeschützt ausgesetzt. Groß war der Hass der französischen Bevölkerung auf die Deutschen. In ihrem Zorn schütteten sie von Brücken glühende Kohlen in die offenen, eng mit Kriegsgefangenen besetzten Waggons.

In Paris angekommen wurden die Gefangenen in einem alten Fort mit dicken Steinmauern untergebracht. Wachposten sollten Fluchtversuche gleich im Keim ersticken. Schon lange hatte es nicht mehr genug zu essen gegeben. Kraftlos waren sie, dünn und müde und das Heimweh plagte sie. Er blickte in magere Gesichter, die doch nur ein Spiegelbild seines eigenen waren. Täglich gab es pro Mann 150 g Brot und eine Kelle dünne Suppe zu essen. Das reichte nicht zum Sattwerden und der Hunger wurde sein ständiger Begleiter.

Eines Tages näherte sich ihm ein fremder Mann, ein französischer Soldat, mit zwei runden Broten unter den Armen. Er trat auf ihn zu, reichte ihm die beiden Brote und sagte auf Deutsch: „Ich bin ein Jude." Dann drehte er sich wortlos um und ging.

Diese Erfahrung hat meinen Vater sprachlos gemacht und tief beeindruckt. Noch heute bewegen ihn diese Worte. Der jüdische Mann, der feindliche Soldat, hat alle Grenzen und Vorbehalte, hat Hass und den Wunsch nach Rache und Vergeltung überwunden. Sein Brot wurde zu einem Symbol der Liebe, Vergebung und Barmherzigkeit zwischen den Menschen.

Auch Jesus hat durch die Liebe alle Grenzen überwunden. Er kam in meine Welt hinein und ist Brot meines Lebens geworden, brachte Liebe, Vergebung und Barmherzigkeit. Er macht mich satt, stärkt mich und stillt meinen Hunger nach dem wahren Leben!

Es ist etwas Großes,
Gottes Wort und ein Stück Brot zu haben.

Seelenbrot

Unser Land ist reich.
Wir haben alles,
was wir zum Leben brauchen
und darüber hinaus.
Hier muss niemand hungern.
Und doch leiden viele
in diesem Land Hunger.

Hunger nach Menschlichkeit
in einer Welt, in der es
ums Funktionieren geht,

Hunger nach Sicherheit
in einer Welt der Sorge,

Hunger nach Liebe
in einer Welt der Lieblosigkeit,

Hunger nach Gemeinschaft
in einer Welt der Einsamkeit.

Der Magen ist wohl voll, aber die Seele ist leer.
Es ist dieser Seelenhunger, der uns umtreibt,
und der uns zu Jesus, dem Brot des Lebens, führt.

Er selbst ist das Seelenbrot, und wo er unser Herz
ausfüllt, zieht die Grundlage zum erfüllten Leben ein.

Unser Hunger nach Sinn und Geborgenheit
und unser Verlangen nach Liebe und Ewigkeit
werden bei ihm gestillt.

Ich bin ...

Ich bin das Licht der Welt.
Wer mir nachfolgt, braucht nicht
im Dunkeln umherzuirren, denn er wird
das Licht haben, das zum Leben führt.

Johannes 8,12

26

... das Licht der Welt

Die Schatten weichen

In dem Moment, in dem ich die Augen aufschlug, wusste ich nicht, wo ich mich befand. Es war so finster, dass ich außer dem dunklen Umriss des Fensters nichts erkennen konnte. Das Schwarz der Nacht machte mir Angst und die Furcht kribbelte in meinem Magen. Außer meinem schnellen Atem war nichts zu hören.

Erst langsam dämmerte es mir, dass wir gestern zu meiner Großmutter gefahren waren. Und nun lag ich klein und alleine in diesem Zimmer im Bett und starrte mit weit offenen Augen in das dunkle Nichts. Als ich mich langsam an die Dunkelheit gewöhnt hatte, sah ich, dass ich von unheimlichen, seltsam verzerrten Schatten umgeben war, die sich auf den Wänden niedergelassen hatten. Einer davon glich einem großen, schwarzen Hund.

Erschreckt zog ich mir die Decke über den Kopf. Doch schnell wurde mir klar, dass auch die Decke mich nicht vor dem wilden Hund schützen konnte. Und nun? Was, wenn er mich beißen würde? Mein Gehirn arbeitete fieberhaft an einer Lösung. Sollte ich laut um Hilfe rufen? Nein, das hatte wohl keinen Zweck. Bis jemand hier sein würde, hätte mich der Hund längst gebissen. Sollte ich mich auf leisen Sohlen davonschleichen? Auch das verwarf ich bald wieder, wusste ich doch, dass Hunde gut hören und riechen können.

Die einzige, halbwegs sichere Lösung erschien mir, blitz-schnell aus dem Zimmer zu rennen und die Tür hinter mir zuzuschlagen. Wenn ich Glück hatte und schnell genug war, wäre der Hund so überrascht, dass er erst aufspringen würde, wenn ich draußen war. Ja, so könnte es gehen!

Ich versuchte mir genau ins Gedächtnis zu rufen, wie es in dem Zimmer ausgesehen hatte, welches Möbelstück wo stand und wie weit die Türe von meinem Bett entfernt war. Ich blinzelte unter meiner Decke hervor und schielte zu dem Hund hinüber, der ganz ruhig in der Ecke saß. Das war die Gelegenheit! Ich nahm meinen ganzen Mut zusammen, zählte flüsternd bis drei und sprang blitzschnell aus dem Bett. Doch statt der Bedrohung schnell zu entkommen, begann der Bettvorleger unter meinen Füßen zu rutschen. Ich ruderte wild mit den Armen, versuchte, das Gleichge-wicht nicht zu verlieren und fiel doch rückwärts auf den

Boden. Panik erfasste mich und ich meinte, schon den feuchten Atem des Hundes in meinem Nacken zu spüren. Adrenalin schoss durch meinen Körper und das Herz pochte hart gegen meine Brust. Angsterfüllt rappelte ich mich hoch, stieß dabei mit dem Fußknöchel gegen das Bettgestell und fiel auf den Boden zurück. Der Schmerz stach in meinem Knöchel, Tränen schossen mir in die Augen und ich rechnete jeden Moment damit, totgebissen zu werden.

Da fiel plötzlich ein Lichtschein durch die geöffnete Tür in das Zimmer hinein. Jemand schaltete die Deckenbeleuchtung ein und ich hörte die Stimme meines Vaters: „Was ist denn hier los?" Er sah mich an, kam zu mir, bückte sich zu mir herunter und hob mich auf. Im Arm meines starken Vaters fiel alle Angst von mir ab. Ich verbarg mein Gesicht an seinem Hals und erzählte weinend, was mir passiert war. Er hielt mich fest, streichelte mich und wischte mir die Tränen von den Wangen. Der wilde Hund hatte sich in Luft aufgelöst und im Licht der Lampe sah das Zimmer sogar ganz gemütlich aus.

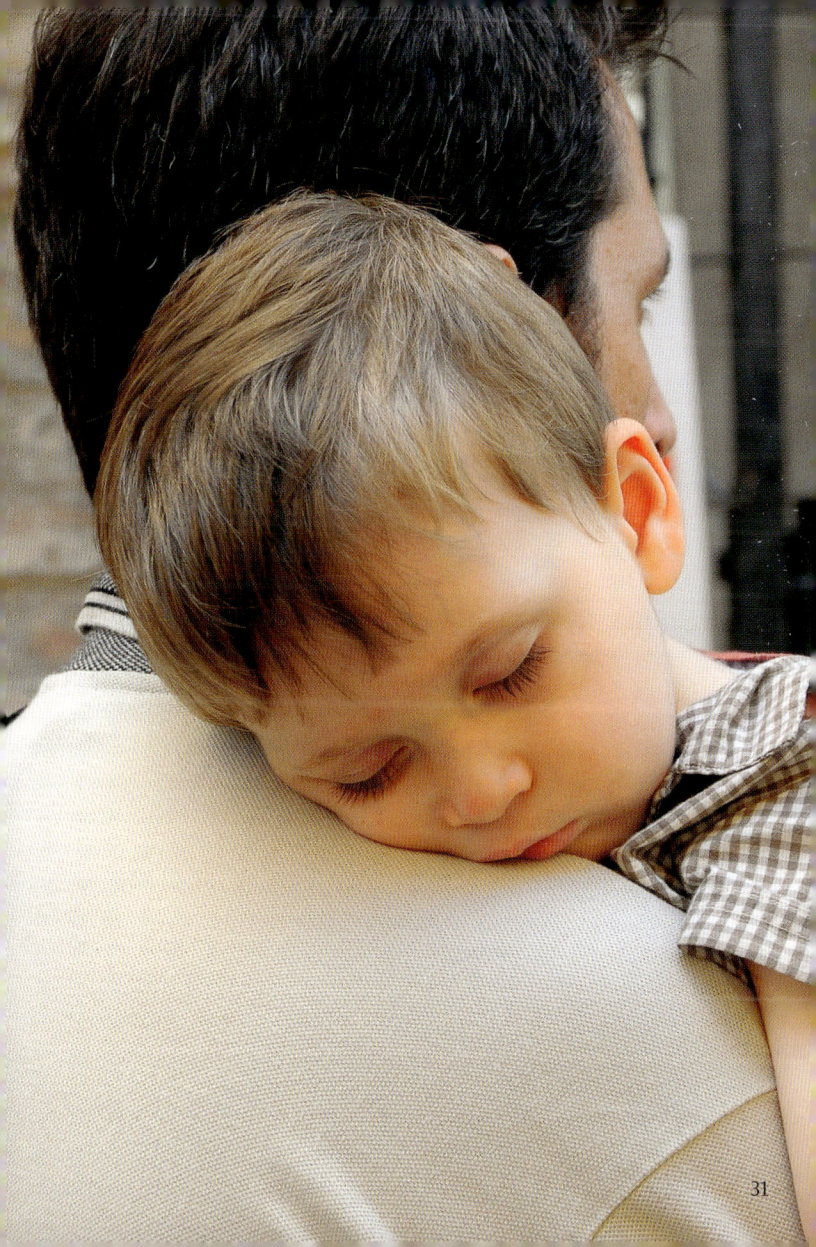

Es wird hell

Heute bin ich erwachsen und weiß,
dass Schatten an Wänden nicht lebendig sind.
Und doch machen mir Schatten,
die mein Leben verdunkeln, zuweilen Angst.
Unbestimmt verfinstern sie meinen Tag,
legen sich über Freude und Sorglosigkeit.
Sie nehmen mir den Atem und drücken mich nieder.
Wie ein Klumpen liegen sie in meinem Magen.
Manches ist greifbar, anderes nicht.
Die Frage „Was wäre, wenn ...?",
kreist in meinen Gedanken
und malt Szenarien in meinem Kopf,
die mich erschrecken.

Wie gut ist es dann, zu meinem Vater zu gehen.
Jesus ist das Licht der Welt und er ist mein Licht.
Er scheint in mein Leben hinein,
verscheucht die Schatten,
rückt Ansichten wieder zurecht
und lässt mich mein Leben in seinem Licht sehen.

Die bedrohlichen Schatten
verlieren in seinem Glanz ihren Schrecken.
An seinem Herzen weicht die Bedrohung,
in seiner Nähe finde ich Trost, Sicherheit und Schutz.

Die Angst gibt sich geschlagen.
Es wird hell
und neu sehe ich den Weg, der vor mir liegt.

Licht macht aus nichts etwas,
aus dunkel hell, aus grau bunt.
Licht macht aus Angst Mut,
aus Sorge Zuversicht, aus Fragen Antworten.
Licht macht einen Unterschied!

Dem Licht entgegen –
die Schatten fallen zurück –
hell leuchtet Hoffnung.

Bärbel Maiberger

Leuchtfeuer

Als Kind war ich bei den Pfadfindern. Ich ging gerne dort hin und freute mich besonders, wenn wir ein- oder zweimal pro Jahr gemeinsam auf Fahrt gingen. Meist ging es auf einen Zeltplatz und wir verbrachten ein paar Tage miteinander, frei von den alltäglichen Verpflichtungen, entfernt von jedem Komfort, inmitten der Natur.

Das Lagerleben bot eine Menge Abwechslung. Wir spielten miteinander und hatten unendlich viel Zeit für Gespräche und Spaß. Gekocht wurde gemeinsam in riesigen Töpfen, die an einer Kette über dem Lagerfeuer hingen. Manchmal brieten wir auch Würstchen. Wir steckten sie angeritzt auf lange, angespitzte Äste und hielten sie über die rote Glut des Feuers bis sie heiß und knusprig waren. Ihr Saft tropfte hinunter und verdampfte zischend in der Hitze. Mmmh, wie das roch! Und wie das erst schmeckte!

Mit am schönsten aber waren die Abende am wärmenden, prasselnden Lagerfeuer unter freiem Himmel. Das Feuer war ein Magnet, zu dem es jeden hinzog, ein Ort, an dem sich alle versammelten. Dicht gedrängt saßen wir auf Baumstämmen um das Feuer herum, hörten es knistern, schauten versonnen in die züngelnden Flammen und in die glimmende heiße Glut, die unsere Gesichter erleuchtete. Wurde ein neues Holzscheit dazu gelegt, stob es Tausende von Funken nach oben in die unendliche Dunkelheit des Himmels. Unsere Rücken wurden kalt und froren, aber die Gesichter glühten.

Wir sangen gemeinsam zur Gitarre, Geschichten wurden erzählt und die Gespräche klangen leiser, gedämpfter als sonst. Wir wurden still und die Lücke zum Nachbarn wurde enger. Ich fühlte mich geborgen. Kalt war es im Lager in der Nacht, ein wenig unheimlich und finster. Man konnte kaum die Hand vor Augen sehen. Das Lagerfeuer wurde zum Mittelpunkt, schenkte Orientierung in der Dunkelheit. Hier gab es Wärme und Licht, hier konnte man den anderen sehen, hier war man einander nahe, hier war man sicher.

Licht für mein Leben

Ein Licht kam in die Welt und durchbrach
menschliche Dunkelheit, Nacht und Not.
Jesus sagt von sich selbst, dass er dieses Licht ist.

Und weil ich Teil dieser Welt bin, ist Jesus
auch Licht für meine kleine Welt, für mein Leben.

Auch, und gerade dann,
wenn mich undurchdringliche Dunkelheit umgibt,
wenn ich die Orientierung verloren habe,
wenn menschliche Kälte mich frieren lässt
und alle Wege im scheinbaren Nichts enden,
gibt es eine Lichtquelle, die mein Leben überstrahlt.
Jemand, an dem ich mich ausrichten, neu justieren kann.

In Jesu Licht sehe ich weiter,
sehe den Bruder und die Schwester.
An Jesu Licht kann ich mich wärmen
und zu einer Wärmequelle für den anderen werden.

Alle Lichter,
die wir anzünden,
zeugen von dem Licht,
das da erschienen ist in der Dunkelheit.

Friedrich von Bodelschwingh

Der Herr ist mein Licht und mein Heil –
vor wem sollte ich mich fürchten?

Psalm 27,1

Man stelle sich einmal vor,
die Sonne wäre von einem Tag
auf den anderen nicht mehr da.
Innerhalb kürzester Zeit wäre alles Leben
auf unserem Planeten zerstört,
erfroren in der eisigen Kälte.

Weil die Sonne da ist,
gibt es Wärme, Wachstum, Licht und Leben.

Man stelle sich einmal vor,
Jesus wäre von einem Tag
auf den anderen nicht mehr da.
Innerhalb kürzester Zeit
wäre die Liebe
auf diesem Planeten zerstört,
erfroren in der menschlichen Kälte.

Weil Jesus da ist,
gibt es Freude, Glaube, Mut und Hoffnung.
Nur in seinem Licht ist Leben möglich!

Ich bin ...

Ich bin das Tor. Wer durch mich hineingeht, wird gerettet werden. Wo er auch hinkommt, wird er grüne Weiden finden.

Johannes 10.9

... das Tor

Einladung zum Leben

Ich habe es mir zum Hobby gemacht, besondere Türen und
Tore zu fotografieren. Gehe ich durch eine fremde Stadt,
halte ich immer Ausschau nach geeigneten Objekten.
Dabei habe ich schon viele ausgefallene Türen gesehen,
liebevoll in freundlichen und harmonischen Farben gestri-
chen. Oder solche, deren Holz einen warmen Ton hatten,

verziert mit aufwändigen Schnit-
zereien. Und Tore, groß und
schwer, aus Eisen geschmiedet
und mit kunstvollen Ornamen-
ten herausgeputzt. Aber auch
kleine, hölzerne Gartentore, ein-
gerahmt von rankender Kapuzi-
nerkresse und Sonnenblumen-
wächtern. Begegnet mir so ein
Schmuckstück, halte ich es mit
einem Foto fest. Mittlerweile
habe ich schon eine ganz hüb-
sche Sammlung.

Stehe ich davor, haben Türen und Tore für mich immer
etwas Geheimnisvolles, Spannendes und ich stelle mir die
Frage, was sich dahinter verbirgt, was mich wohl erwartet,
wenn ich hindurchtrete. Und dabei sind sie nicht nur einfach ein Mittel zum Zweck, oft sind sie wie eine freund-
liche Einladung, einzutreten und das dahinter verborgene
Geheimnis zu lüften.

Natürlich gibt es auch Türen und Tore, die als Visitenkarte
nur schlechte Dienste leisten. Schmutzig, dunkel und mit
abgeblätterter Farbe, verrostet und verrottet stehen sie
abweisend und unfreundlich vor einem. Dabei sprechen
sie keine Ermutigung aus, einzutreten. Und manche haben
sogar eine tragische Funktion gehabt: Versehen mit dem
Schriftzug „Arbeit macht frei" wurde das Tor des Konzen-
trationslagers in Auschwitz zu einem Ort lautlosen Spottes
und zynischer Verachtung.

Offene Türen

Jesus hat von sich gesagt,
dass er das Tor zum ewigen Leben ist.
Mit weit offenen Torflügeln
spricht er die Einladung
zu einem Leben mit ihm aus
und jeder, der hindurchgeht,
wird von Sünde und Tod gerettet.

Wer es wagt, der findet hier schon
Erfüllung und Zufriedenheit.
Die Sehnsucht nach Leben
wird gestillt, das Herz,
das von einer inneren Unruhe
umhergetrieben wird,
findet in ihm einen ruhigen Hafen.

Ängste, Schmerzen
und das Leid des Lebens
können am Tor abgelegt werden
und das Gepäck wird leicht.

Die Einladung Jesu, durch das Tor
hindurchzutreten und das Leben
mit ihm zu genießen, gilt für jeden.

Wer zu Jesus „Ja" sagt,
der öffnet Tür und Tor
für ein erfülltes Leben.

Auf den zweiten Blick

Die drei Meter hohen Türflügel wurden über zwei Holz-
böcke gelegt. Normalerweise verschlossen sie ein schönes
großes Gebäude, das im Jugendstil erbaut worden war.

Generationen von Lehrern und Schülern waren durch die
Türe hindurchgetreten, hatten sie aufgerissen, an ihren
Angeln gezerrt und sie wieder zugeschlagen. Das Glas
ihrer Fenster war schmutzig und trübe geworden. Nun
hatte man sie ausgehängt, weil sie dringend einen neuen
Anstrich benötigte. Verkratzt und bedeckt von einem häss-
lichen, dunkelgrünen Lack lag sie da und an manchen
Stellen blätterte schon die Farbe ab. Sie war keine Zierde
mehr für das Haus, aber das sollte sich jetzt ändern. Sie
sollte einen neuen Anstrich bekommen.

Der Maler begann, mit Stahlwolle den alten Lack aufzurau-
en. Das Metallknäuel wurde warm unter seinen Händen

und kleine Farbspäne breiteten sich auf dem Lack aus. Je länger er arbeitete, desto klarer wurde, dass es mehrere Farbschichten gab, die abzutragen waren. Wieder und wieder war diese Türe überlackiert worden.

Er fuhr fort, die Farbe abzuschleifen. Schicht um Schicht. Es war mühselig und dauerte lange, kostete Kraft. Nachdem schon drei verschiedene Farbtöne zum Vorschein gekommen waren, schimmerte es braun unter der letzten dünnen Schicht hervor. Seufzend machte er weiter.

Doch plötzlich erregte etwas seine Aufmerksamkeit: unter dem Schliff seiner Hände begann es zu glänzen. Rötlich funkelte es im Sonnenlicht zwischen den Farbresten hervor. Eilig machte er weiter, Stück um Stück. Je länger er arbeitete, desto deutlicher kamen Glanz und eine wunderschöne Türe zum Vorschein. Als er fertig war, lag vor ihm eine edle Kupfertüre, die mit blauen Mosaiksteinen verziert waren. Gefertigt im Jugendstil, passend zum Haus. Zurück an ihrem Platz veredelt sie mit ihren geputzten Fenstern wieder das Haus und gibt ihm ein verändertes Gesicht.

Jesus begegnen

Es gibt Menschen, die glauben,
das Leben an der Seite Jesu
wäre langweilig und öde,
farblos und eintönig
und gespickt von Einschränkungen und Verboten.
Vielleicht sind es das Leben
und die langen Gesichter mancher Christen,
die zu dieser Annahme führen.

Mag sein.
Doch dieser Eindruck täuscht gründlich!
Wer Jesus nur oberflächlich betrachtet,
wer ihn nur vom Hörensagen kennt,
wird niemals verstehen,
wer dieser Menschensohn wirklich ist,
der die Christen seit 2000 Jahren
in seinen Bann zieht.

Doch wer Jesus begegnet
und durch das Tor hindurchgetreten ist,
wer ihn kennengelernt hat
und mit ihm in Kontakt steht, der weiß,
dass ein Leben mit Jesus so viel Schönheit,
Freude und Tiefe bereithält,
wie wir es bei Menschen
niemals finden werden.

Das, was ich wirklich brauche, bekomme ich von ihm.
Meine Suche nach echtem Leben hat ihr Ziel gefunden.

Öffnet mir die Tore,
durch die die Gerechten einziehen,
ich will hineingehen
und dem Herrn danken.

Psalm 118,19

51

Ich bin ...

Ich bin der gute Hirte. Der gute Hirte opfert sein Leben für die Schafe.

... der gute Hirte

Ich kenne meine Schafe und sie kennen mich,
so wie mein Vater mich kennt und ich den Vater.

Johannes 10,11.14

Immer in ihrer Nähe

Die Sonne scheint mir warm auf den Kopf, Grashalme kitzeln meine Waden und mit jedem Schritt atme ich die nach Sommer duftende Luft tief in meine Lungen ein. Brustkorb und Wohlgefühl dehnen sich aus.

Ich lasse meinen Blick schweifen, genieße den Ausblick über sanfte, grüne Hügel und dunkle Wäldchen. Wir haben heute eine Wanderung unternommen, nutzen den freien Tag um abzuschalten. Es ist ein perfekter Tag, Ausflugswetter eben. Die Alltagspause tut mir so gut!

Während ich über das Land schaue, weht mir ein laues Lüftchen einen besonderen Duft in die Nase. Tiergeruch mischt sich mit dem Aroma von Gras und Erde. Ich schaue mich um und entdecke ein paar Schafe, die grasend hinter einer Baumgruppe hervorkommen. Die Köpfe tief gesenkt arbeiten sie sich fressend langsam voran. Wir gehen vorsichtig näher, um kein Schaf zu erschrecken und erreichen das Wäldchen. Vor einer großen Schafherde bleiben wir stehen, doch die Schafe weichen ängstlich vor uns zurück.

Fremd sind wir ihnen und unbekannt. Mit etwas Abstand beobachten wir sie. Dicht an dicht gedrängt stehen sie und suchen unentwegt den Kontakt zum anderen. Lämmer trinken bei ihren Müttern, spielen miteinander und springen übermütig bockend über die Wiese. Zwei Hütehunde umrunden die Herde, halten Ausschau nach vorwitzigen Schafen, die sich von der Gruppe entfernen, um sie dann bellend auf ihren Platz zurückzuverweisen. Aufmerksam und ohne Pause sind sie bei der Arbeit.

Der Hirte steht gestützt auf seinen Stock und beobachtet seine Tiere. Ein Ruf von ihm genügt und die Hunde wissen, was zu tun ist. Wir kommen mit dem Hirten ins Gespräch, lassen uns von seinem Alltag und seiner Arbeit berichten. Über den Sommer ist er mit seinen Schafen unterwegs, führt sie von Futterplatz zu Futterplatz. Dabei hält er nach giftigen Pflanzen Ausschau, um seine Schafe davor zu schützen.

Auch sucht er Wasser, damit sie ihren Durst stillen können. Nachts lässt er sie nicht alleine, ist immer in ihrer Nähe. Der Hirte lebt mit seiner Herde. Er sorgt für sie und achtet auf ihre Gesundheit. Braucht eines der Schafe Hilfe, ist er da. Er kennt ihre Zahl, kennt jedes einzelne Schaf und achtet darauf, dass keines verloren geht.

Einmal im Jahr schert er seine Tiere, schneidet ihre Klauen und sorgt bei Krankheit dafür, dass der Tierarzt kommt. Die Schafe kennen den Hirten, seine Stimme ist ihnen vertraut. Vor ihm fürchten sie sich nicht. Wenn er sich nähert, weichen sie nicht zurück. Wissen sie doch, dass von ihm keine Gefahr ausgeht. Macht er sich zu neuen Weidegründen auf, folgen sie ihm. Sie gehen dahin, wo er hingeht, halten sich auf, wo er ist.

Er führt mich

Was für ein schönes Bild
für meine Beziehung zu Jesus.
Jesus sorgt für meine Bedürfnisse.
Er weiß, was ich brauche,
damit es mir gut geht.

Er führt mich auf guten Wegen
durch das Leben, sorgt dafür,
dass Seelenhunger und Durst
nach Leben gestillt werden.

Er schützt mich vor Gefahren,
bietet mir seine tägliche Hilfe
und Unterstützung an.

Wo ich auch bin, ist er da!
Jesus weicht nicht von meiner Seite.
Inmitten der vielen Menschen
kennt und sieht er mich.

Er weiß um meine Gedanken und Gefühle,
weiß, wie es in mir aussieht.
Er hat mein Herz berührt,
hat mich bei meinem Namen gerufen
und ich habe geantwortet.

Ich gehöre ihm,
will ihm folgen, wo er hingeht,
da sein, wo er ist und die Gegenwart
meines Erlösers genießen.

Der Herr ist mein Hirte,
ich habe alles, was ich brauche.
Er lässt mich in grünen Tälern ausruhen,
er führt mich zum frischen Wasser.
Er gibt mir Kraft.
Er zeigt mir den richtigen Weg
um seines Namens willen.

Auch wenn ich durch das dunkle Tal
des Todes gehe, fürchte ich mich nicht,
denn du bist an meiner Seite.

Dein Stecken und Stab
schützen und trösten mich.
Du deckst mir einen Tisch
vor den Augen meiner Feinde.
Du nimmst mich als Gast auf
und salbst mein Haupt mit Öl.
Du überschüttest mich mit Segen.

Deine Güte und Gnade begleiten mich
alle Tage meines Lebens,
und ich werde für immer
im Hause des Herrn wohnen.
Psalm 23

Schwarze Schafe bleiben Schafe.
Auch, wenn sie schwarz sind.

Alle Bücher, die ich gelesen habe,
haben mir den Trost nicht gegeben,
den mir dies Wort der Bibel gab:
„Der Herr ist mein Hirte,
mir wird nichts mangeln."
Immanuel Kant

Wenn ein Hirte
hundert Schafe hat,
und eines läuft weg
und verirrt sich,
was wird er wohl tun?

Wird er nicht
die neunundneunzig anderen
stehen lassen
und in die Berge gehen,
um das verirrte Schaf
zu suchen?

Und wenn er es findet,
wird er sich ganz sicher
mehr darüber freuen
als über die neunundneunzig,
die nicht fortgelaufen sind.

Matthäus 18,12-13

Ich bin ...

Ich bin die Auferstehung und das Leben.
Wer an mich glaubt, wird leben,
auch wenn er stirbt. Johannes 11,25

... die Auferstehung und das Leben

Auferstanden aus Ruinen

„Auferstanden aus Ruinen und der Zukunft zugewandt, ..."
So begann die Nationalhymne der DDR, die 1949, nur wenige Tage nach Staatsgründung, der Öffentlichkeit bekannt
gemacht wurde. Viele deutsche Städte, sowohl im Osten
als auch im Westen, waren im Zweiten Weltkrieg zerstört
worden und 1949 waren die Spuren der Verwüstung noch
überall sichtbar: Gerippe von Gebäuden ragten leer und
hohl in den Himmel, unbewohnbare Häuser warteten auf
den unvermeidbaren Abriss und immer noch gehörten
Trümmerberge zum gewohnten Straßenbild. Zugleich wurde
überall aufgeräumt, gebaut, Ordnung wieder hergestellt.

Aufbruchsstimmung, nach vorne schauen, das Entsetzen
hinter sich lassen. Heute sind die Spuren der Zerstörung
beseitigt. Nur einige wenige Gebäude stehen als Mahnmal
in unseren Städten. Unser Land ist aus Ruinen auferstanden, hat Verwüstung und Zerstörung abgeschüttelt und ein
neues Gesicht bekommen.

Karfreitag

Als Jesus starb, schien alles vorbei.
Die Römer hatten seine Knochen gebrochen,
seinen Körper geschunden, verletzt und getötet.
Sie hatten ihn am Kreuz wie einen Verbrecher
zur Schau gestellt, ihn entwürdigt, gedemütigt
und angespuckt.

Die rasende Menschenmasse wollte seinen Tod
und sie hat ihn bekommen. Die Hoffnung
seiner Freunde auf ein neues Reich war zerstört,
seine Mutter trauerte um ihr Kind und der Himmel
verbarg vor der Sünde sein Angesicht in der Dunkelheit.
Das war am Karfreitag.

Auferstehung

Am Ostersonntag stand Jesus von den Toten auf
zu einem neuen Leben.
Er hat Schmach und Schande überwunden,
hat den Tod besiegt und das Grauen hinter sich gelassen.

Auferstehung! Gott hat seinen Körper heil gemacht.
Nur die Narben der Nägel in seinen Händen
sind geblieben, als Gedächtnismale für uns.

Sie sagen uns, dass wir leben werden.
Der Tod konnte Jesus nicht im Grab halten,
denn er ist selbst die Auferstehung.
Mein Gott ist Herr, auch über den Tod.
Auch über meinen Tod.
Deshalb werde ich auferstehen und leben,
wenn er mich ruft.

Der Herr ist auferstanden!
Er ist wahrhaftig auferstanden!

Der Engel sagte:
„Habt keine Angst.
Ihr sucht Jesus
von Nazareth,
der gekreuzigt wurde.
Er ist nicht hier!
Er ist von den Toten
auferstanden!"

Markus 16,6

Vom Tod zum Leben

Meine Großmutter war zu Besuch. Sie lebte bei meiner Tante in Berlin, aber jedes Jahr kam sie und machte ein paar Wochen Urlaub bei uns. Sie war schon alt und nicht mehr so sicher auf den Beinen. Alleine ging sie nicht mehr vor die Türe und auch in der Wohnung fühlte sie sich unsicher, wenn sie sich nicht auf ihren Stock stützen konnte, der ihr ein wenig Halt bot.

Sie schlief oft, auch am Tag, und sie hatte mir schon manches Mal gesagt, dass sie am liebsten einschlafen würde ohne wieder aufzuwachen. Solche Aussagen machten mir Angst. Ich wollte sie doch noch behalten, denn ich hatte sie sehr lieb! Tief in meinem Innersten fürchtete ich mich davor, dass es passieren könnte, wenn sie hier bei uns war.

Und dann geschah es: Sie stürzte in ihrem Schlafzimmer, brach sich den Oberschenkelhals, wurde noch operiert und starb wenige Stunden nach der Operation.

Es war das erste Mal, dass ich einen lieben Menschen verlor und die Gefühle überrollten mich. Ich war ihnen hilflos ausgeliefert. Ich schloss mich in mein Zimmer ein und weinte viele Stunden, bis ich schließlich erschöpft einschlief. Damals wurde mir mit aller Wucht bewusst, wie zerbrechlich das menschliche Leben ist. Der Tod ist Teil davon und doch ist er uns fremd. Ein Mensch mit seinen Gedanken, Gefühlen und Erfahrungen, mit seiner Weisheit und seinem Wissen wird fortgerissen von seiner

Familie, verschwindet von dieser Erde und nimmt alles das unwiederbringlich mit sich. Allein was uns hier bleibt, sind Gegenstände, Fotos und Erinnerungen. Eine trostlose, Furcht einflößende Szene, wenn damit alles enden würde.

Du sollst leben

Wie viel ist es wert, so ein Menschenleben?
Ein einzelnes unter Milliarden?
Eines in der großen Masse?

Der Wert des Lebens liegt in der Tatsache,
dass es Jesus selbst war, der unser Herz
schlagen und unsere Lungen atmen ließ.
Er hat uns den Lebensodem eingehaucht,
wollte, dass wir leben.

Er weiß um jeden, kennt Gedanken
und Herzen seiner Geschöpfe.
Schenkt Sinn, Wert, Zufriedenheit und Erfüllung.

Weil ich an Jesus glaube,
weiß ich, dass mit dem menschlichen Tod
nicht alles endet,
denn ich ruhe in seinem Herzen.

Ich weiß, dass er die Menschen,
die zu ihm gehören,
wieder zum Leben erwecken wird,
weil er am Kreuz den Tod besiegt hat.
Zu einem ewigen Leben
in Vollkommenheit,
ohne Tod und Zerstörung.

Er hat von sich gesagt,
dass er das Leben ist
und ich glaube ihm.

Gott ist für das ganze Weltall
die Quelle des Lebens,
des Lichtes und
der Freude.

Ellen Gould White

Ich aber bin gekommen, um ihnen
das Leben in ganzer Fülle zu schenken.

Johannes 10,10

Ich bin ...

Ich bin der Weg, die Wahrheit und das Leben.
Niemand kommt zum Vater außer durch mich.
Johannes 14,6

... der Weg,
die Wahrheit
und das Leben

Auf dem Holzweg?

Dampfende Atemwolken umgeben die schnaubenden Nüstern und das braune Fell glänzt schweißnass. Angetrieben durch die Rufe des Bauern drückt sich das schwere Pferd mit seiner ganzen Kraft in das Geschirr hinein. Wieder und wieder stemmt es sich gegen das Gewicht.

Es kostet Mühe, die schwere Last in Bewegung zu setzen. Doch dann, ein Ruck! Der Baumstamm löst sich vom Boden und beginnt, über den Untergrund zu schleifen. Mit jedem Schritt geht es leichter.

Die Hufe des Pferdes und das Gewicht der Fracht drücken eine Spur in den weichen Waldboden hinein und machen alles dem Erdboden gleich, was sich ihnen in den Weg stellt, während das Pferd das Holz zum nächsten Weg und dann aus dem Wald hinaustransportiert. So geht es den ganzen Tag. Hinaus aus dem Wald mit einem Baumstamm im Schlepptau und wieder hinein in den Wald ohne Gepäck.

Am Abend ist eine Schneise entstanden, die sich schon nach wenigen Wochen scheinbar nicht mehr von anderen Waldwegen unterscheidet. Der einzige, aber gravierende Unterschied ist der, dass dieser Weg im Nichts endet. Er führt zu keinem Ziel, ist ohne Bestimmungsort.

So einen Weg nennt man „Holzweg". Pfade, die verheißungsvoll und einladend aussahen, den Wanderer jedoch täuschten und ins Nichts und zwangsläufig in eine Enttäuschung hineinführten. Wer solch einen ziellosen Weg entlang geht, von dem sagt man, dass er auf dem Holzweg sei.

Weg zum Ziel

Es gibt viele Wege, viele Lebensentwürfe,
die ich wählen kann. Sie alle tragen in sich
eine Verheißung oder ein Versprechen,
dass das Leben gelingen wird.

Viele sehen schön aus, bequem, freundlich, einladend.
Was mich hinter der nächsten Kurve erwartet,
weiß ich allerdings nicht.
Was mir unterwegs begegnet, ist mir noch verborgen.
Wo der Weg endet, kann ich nur vermuten.
So habe ich die Qual der Wahl.
Ich entscheide mich und mache mich voller Hoffnung
auf Gelingen auf den Weg durch mein Leben.

Jesus sagt von sich, dass er der Weg ist.
Der Weg, der zum Vater führt.
Entscheide ich mich für diesen Weg,
weiß ich auch nicht, was mir
auf meiner Lebensreise begegnen wird.

Ein Leben mit Jesus bewahrt nicht vor allem Schweren.
Das Gute ist jedoch, dass ich diesen Weg
nicht alleine gehe, denn Jesus ist der Weg
auf dem ich gehe.
Er gibt meinen Füßen festen Boden und Tritt,
ist ohne Tücke, Fußangeln und Schlaglöcher.
Das entscheidende Merkmal dieses Weges ist jedoch,
dass er mich zum Ziel meines Lebens, zum Vater führt,
der mich mit offenen Armen erwartet.

So kehrte er zu seinem Vater nach Hause
zurück. Er war noch weit entfernt, als
sein Vater ihn kommen sah. Voller Liebe
und Mitleid lief er seinem Sohn entgegen,
schloss ihn in die Arme und küsste ihn.

Lukas 15,20

Weiß ich den Weg auch nicht, du weißt ihn wohl,
das macht die Seele still und friedevoll.
Ist's doch umsonst, dass ich mich sorgend müh,
dass ängstlich schlägt das Herz,
sei's spät, sei's früh.

Du weißt den Weg ja doch, du weißt die Zeit,
dein Plan ist fertig schon und liegt bereit.
Ich preise dich für deiner Liebe Macht,
ich rühm die Gnade, die mir Heil gebracht.

Du weißt, woher der Wind so stürmisch weht
und du gebietest ihm, kommst nie zu spät,
drum wart ich still, dein Wort ist ohne Trug,
du weißt den Weg für mich – das ist genug.

Hedwig von Redern

Nichts als die Wahrheit

„Die Wahrheit, die ganze Wahrheit und nichts als die Wahrheit". Diese Worte musste früher ein Zeuge schwören, bevor er vor Gericht befragt wurde. Wichtig ist es, dass die Wahrheit ans Licht kommt, um gerecht zu sprechen und ein gerechtes Urteil zu finden.

Durch wahrhaftige Zeugenaussagen entstehen wahrhaftige Bilder des Herganges. Ist das wirklich so? Das ist zumindest die Absicht. Doch, geht das überhaupt, die Wahrheit sagen? Ist Wahrheit nicht relativ?

Ist das nicht immer eine Frage der Perspektive, des Stand-
punktes? Oder der Umstände? Oder der Herkunft? Oder der
Kultur? Oder der Erfahrung, der Beziehung, der Auslegung?
Oder ...?

Ich hörte schon mal jemanden sagen: „Das ist eben meine
Wahrheit. Und du hast deine Wahrheit." Aber, was ist denn
jetzt wahr? Worauf kann ich mich verlassen? Und wer kann
schon von sich behaupten, dass er die Wahrheit hat?

Klar und eindeutig

Es gibt jemanden,
der nicht nur von sich behauptet hat,
die Wahrheit zu haben,
sondern der von sich selbst sagt,
dass er die Wahrheit ist.

Das ist ein hoher Anspruch, den Jesus hat.
Doch mir tut es gut, dass er so von sich spricht.
In meiner Welt ist eben vieles relativ,
kann nicht nur schwarz-weiß betrachtet werden.
Da ist es gar nicht so einfach, sich zu orientieren.
Und manchmal weiß ich nicht, was ehrlich und richtig ist,
und worauf ich mich verlassen kann.

Jesus dagegen ist klar,
eindeutig, wahrhaftig
und unmissverständlich.

Da gibt es kein „JEIN",
kein „VIELLEICHT" oder „JA, ABER".
Bei ihm gibt es nur „JA" oder „NEIN".

Seine Zusagen hält er ein,
er ist verlässlich und vertrauenswürdig.
Sein „JA" zu mir ist ein „JA"
und nicht nur ein „VIELLEICHT, KOMMT DRAUF AN".

Bei ihm fühle ich mich sicher,
ihm kann ich vorbehaltlos vertrauen,
denn er ist die Wahrheit.

Wer sich aber nach der Wahrheit ausrichtet,
tritt ans Licht und jeder kann sehen,
dass er in Verantwortung vor Gott handelt.

Johannes 3,21

Ich bin ...

Ich bin der Weinstock; ihr seid die Reben.
Wer in mir bleibt und ich in ihm,
wird viel Frucht bringen.   Johannes 15,5

... der Weinstock

Lebendige Verbindung

Ein frostiger, sonniger Wintertag. Der Himmel leuchtet tief blau und mit jedem Atemzug stoße ich kleine Dampf-Wölkchen aus. Ein Tag wie geschaffen, die dürren, kahlen Reben an meinem Weinstock zurückzuschneiden.

Die Gartensaison ist eröffnet! Ausgestattet mit Mütze, Schal und Gartenhandschuhen suche ich die eingewinterte Gartenschere heraus und mache mich an die Arbeit. Ich bin kein Profi auf dem Gebiet und jedes Jahr im Winter stehe ich erneut vor meinem Weinstock und frage mich, wo ich was abschneiden soll. Ich habe mich schlau gemacht, Anleitungen gelesen und Bilder angesehen. Trotzdem bleibt diese Arbeit für mich ein Geheimnis, das ich wohl nie ganz ergründen werde. Andererseits tröste ich mich mit dem gelesenen Satz, dass es schädlicher

sei, Reben gar nicht zu schneiden, als sie nicht perfekt zu schneiden. Ohne das Zurückschneiden würden die Reben nicht gut gedeihen. Mit der Aussicht auf eine reiche Ernte mache ich mich beherzt ans Werk, schneide hier etwas weg, kürze da etwas, dünne dort noch ein bisschen aus.

Rebe für Rebe fällt zu Boden und nach getaner Arbeit steht vor mir ein ziemlich kahler Weinstock. Zweifelnd betrachte ich mein Werk. Kaum zu glauben, dass da in ein paar Monaten wieder neue Triebe hervorkommen sollen. Hoffentlich war das nicht zu viel des Guten! Ich räume meine Gartenschere wieder auf, läute die Winterpause erneut ein und binde aus den abgeschnittenen Reben einen Kranz.

Ein paar Wochen später hat sich der Frühling breitgemacht. Die milde Luft und die wärmende Sonne haben den Garten aus dem Winterschlaf geholt. Erste Blumen blühen und die Vögel zwitschern um die Wette. Und tatsächlich: Auch mein Weinstock treibt wieder aus. Die dicken Knospen brechen auf und die ersten Blätter zeigen sich.

Nur wenige Wochen später sind daraus lange, blühende Triebe geworden. Noch ein paar Wochen und an den Reben hängen kleine grüne Beeren. Immer wieder muss ich zurückschneiden und Reben ohne Fruchtansatz ganz entfernen, damit die Sonne freien Zugang zu den Beeren hat und der Weinstock alle Kraft für die Trauben bündeln kann. Mit dem Herbst kommt die Zeit der Ernte.

Trauben mit reifen, dunklen Beeren hängen an den Reben, süß und saftig. Ich freue mich an den Vitaminbömbchen und muss mich beeilen, dass mir die Stare nicht zuvorkommen.

Frucht bringen

Jesus hat sich mit einem Weinstock verglichen
und uns mit den Reben. Den Reben, die mit dem
Weinstock in Verbindung bleiben, hat Jesus viel Frucht
in Aussicht gestellt. Es sind die lebendigen Triebe,
die Früchte hervorbringen. Reben, die vom Weinstock
abgeschnitten und getrennt werden, vertrocknen
und sterben. Sie bringen keine Blätter,
geschweige denn Früchte hervor.

Was für ein Mensch bin ich? Was werde ich sehen,
wenn ich im Alter auf mein Leben zurückblicke?
Hat sich dadurch, dass ich gelebt habe, etwas verändert?
Hatte mein Leben Auswirkungen?
Wurde durch mich das Leben anderer berührt?
Wurde die Welt durch mich ein wenig besser?
Oder habe ich nur für mich selbst gelebt?
Rücksichtslos meine eigenen Ziele verfolgt?
Immer zuerst an mich gedacht? War ich Segen oder Last?
Hat mein Leben Frucht gebracht, die andere genießen
können oder habe ich mich nur um mich selbst gedreht?

Bei dir Jesus, dem Weinstock, will ich bleiben.
Nur in Verbindung mit dir kann ich leben und Frucht
bringen. Alle Kraft, jede Inspiration und die Liebe
für die Menschen will ich von dir empfangen.
Nicht aus mir, sondern aus dir heraus will ich leben.
Du hast ein Werk in mir begonnen und wirst es auch
zum Ziel bringen. Neugierig und gespannt warte ich
auf die Frucht, die du in meinem Leben wachsen lässt.

Wenn dagegen der Heilige Geist unser Leben beherrscht, wird er ganz andere Frucht in uns wachsen lassen: Liebe, Freude, Frieden, Geduld, Freundlichkeit, Güte, Treue, Sanftmut und Selbstbeherrschung.

Galater 5,22-23

Menschen sehnen sich nach Sinn.
Hänge ich mich an Jesus,
werde ich Frucht hervorbringen.

Bringe ich Frucht hervor,
wird mein Leben einen Sinn haben.
Die Sehnsucht ist gestillt.

Gehalten

Ich will bleiben bei dir,
dem Weinstock,
egal, was kommen wird.

Ich möchte bleiben,
wenn ich an der Last,
die mich drückt,
zu zerbrechen drohe.
Du hilfst mir,
das Schwere zu tragen.

Auch will ich an dir festhalten,
wenn Sünde mich fallen lässt.
Du richtest mich wieder auf,
lässt mich aufatmen
und schenkst Vergebung
und Neuanfang.

Wenn ich zweifle,
wenn du mir unerreichbar
erscheinst und Fragen mich
umtreiben,
lasse ich dich nicht los.

Es gibt nichts,
was mich von dir trennen
kann. Da ist niemand,
der das Band lösen könnte,
das mich mit dir verbindet.

Nichts kann uns von seiner Liebe trennen.
Weder Tod noch Leben,
weder Engel noch Mächte,
weder unsere Ängste
in der Gegenwart,
noch unsere Sorgen
um die Zukunft,
ja nicht einmal die Mächte
der Hölle können uns
von der Liebe Gottes trennen.

Und wären wir hoch
über dem Himmel
oder befänden uns
in den tiefsten Tiefen des Ozeans,
nichts und niemand
in der ganzen Schöpfung
kann uns von der Liebe Gottes trennen,
die in Christus Jesus,
unserem Herrn, erschienen ist.

Römer 8,38-39

Herr, zu wem sollten wir gehen?
Nur du hast Worte, die ewiges Leben schenken.

Johannes 6,68

Ich bin ein König. Dazu bin ich geboren.

Johannes 18,37

... ein König

Königskunde

Als Jugendliche machte ich einen Sprachurlaub in England. Vier Wochen lang lernte ich Land und Leute kennen und übte die fremde Sprache. Anfangs fiel es mir schwer, Englisch zu sprechen, doch mit der Zeit und täglicher Übung kamen die Worte immer flüssiger aus meinem Mund heraus und bevölkerten zuweilen sogar meine Gedanken und nächtlichen Träume.

Ich freute mich an der schönen englischen Landschaft, den roten Backsteinhäusern und duftigen Rosengärten. Die schwarzen Taxis ließen mich manchmal glauben, ich sei in einer anderen Zeit. Ich wunderte mich über einige englische Gebräuche und Sitten und lernte das deutsche Essen ganz neu schätzen.

Einmal besuchte ich mit anderen Sprachschülern zusammen eine große Veranstaltung in London. Eine riesige Halle war bis auf den letzten Platz gefüllt. Das gleichmäßige Summen der Gespräche und gespannte Aufregung erfüllten die stickige Luft. Wir saßen hoch oben in den Rängen und hatten einen guten Ausblick auf die Arena, in der gleich die Vorführung beginnen sollte.

Während wir warteten, begann ein Orchester zu spielen und überrascht stellte ich fest, dass sich alle Engländer sogleich von ihren Stühlen erhoben und anfingen, inbrünstig zu singen. Nach den ersten Takten erkannte ich das Lied: „God save the queen", die englische Nationalhymne. Eilig erhob ich mich auch von meinem Platz, wollte ich doch keinen Anstoß erregen.

Weit weg von mir und ganz klein sah ich die königliche Loge. Die Queen war nicht anwesend, aber dafür ihr ältester Sohn, Prinz Charles. Damals noch unverheiratet und begehrter Junggeselle in der adligen Damenwelt. „So ist das also bei Königs", dachte ich mir. „Alle schauen auf ihn. Er ist die wichtigste Person in dieser riesigen Menschenmenge. Und es geht erst los, wenn man ihm die Ehre und Anerkennung gegeben hat."

Als deutsche Jugendliche, die nach dem zweiten Weltkrieg geboren ist, war ich völlig unerfahren, unbedarft und unwissend ob aller königlicher Gepflogenheiten und Benimmregeln. Um eine weitere englische Erfahrung reicher, habe ich diesen schönen Abend beim „Royal Tournament" in London genossen und weiß seitdem, dass man aufsteht, wenn ein Kronprinz den Raum betritt.

Mein Land wird nicht von königlichen Hoheiten regiert
und doch gilt meine Verehrung einem König.

Er ist der Herr über alle Regierungen,
Gewalten und Reiche.
Seine Größe und Majestät sind unvorstellbar.
Der Himmel ist sein Thron
und die Erde der Schemel seiner Füße.

Manchmal vergesse ich das.
Und dann vergesse ich auch, ihm die Ehre
und die Anerkennung zu geben, die ihm zustehen.
Dann vergesse ich, von seiner Allmacht,
seinen Wundern und Werken zu erzählen.
Von dem, was er für mich
und in meinem Leben getan hat.

Mein Gebet

Jesus, dir soll alle Ehre gebühren.
Auf dich will ich sehen.
Nichts will ich beginnen ohne dich.
Deine Herrlichkeit ist zu groß für meine Gedanken,
deine Schönheit unfassbar für mich.

Vollkommen regierst du dein Reich.
Ohne Anfang und ohne Ende bist du.
König für alle Zeit, König in Ewigkeit.

Und doch siehst und kennst du mich
und hast mich bei meinem Namen gerufen.
Ich bin dein!

Dem König von Golgatha
dient ein freiwillig Volk.

Friedrich von Bodelschwingh

Königskind

Ich bin eine Prinzessin, ein Königskind.
Bin wertvoll, die Tochter eines Königs.
Des Königs schlechthin! Ein Gotteskind.

Nicht immer ist das in meinem Bewusstsein.
Besonders dann, wenn ich verzagt bin
angesichts der Berge in meinem Leben,
die es zu erklimmen gilt.
Auch dann, wenn Herausforderungen
mich ängstigen, wenn Dinge und Aufgaben
misslingen oder Menschen
mich klein machen wollen.
Eine Freundin sagt in solchen Situationen:
„Kopf hoch, Krone gerade rücken und los!"
Ja, ich will daran denken,
zu wem ich gehöre, wer an meiner Seite ist
und wer mir meinen Wert gegeben hat.
Ich bin ein Königskind.

Bettelkönig?

Was ist das für ein König, der in einem Stall geboren wurde? Den keiner wollte, obwohl er in sein Eigentum kam? Der als Zimmermann in einer Werkstatt und als Wanderprediger ohne festen Wohnsitz arbeitete?

Was ist das für ein König, der sich mit denen, die am Rande der Gesellschaft leben, abgibt? Mit Zöllnern, Huren, Todkranken? Der sie liebt, heilt und annimmt? Der sich schlagen, verspotten und anklagen ließ? Und der schließlich eine Krone aus Dornen trug und sich an ein Kreuz schlagen ließ?

Dieser König hat alles hergegeben, um uns das Leben zu schenken. Er war sich nicht zu schade, unter uns Menschen zu leben. Er tauschte Reichtum gegen Armut, Herrlichkeit gegen Verachtung, Vollmacht gegen Schwäche, Ehre gegen Spott, Vollkommenheit gegen Sünde, Leben gegen den Tod. Sogar die Trennung von seinem Vater nahm er auf sich. Das alles tat Jesus aus Liebe zu mir!

Sein Äußeres war weder schön noch majestätisch, er hatte nichts Gewinnendes, das uns gefallen hätte. Er wurde verachtet und von den Menschen abgelehnt – ein Mann der Schmerzen, mit Krankheit vertraut, jemand, vor dem man sein Gesicht verbirgt. Er war verachtet und bedeutete uns nichts. Dennoch: Er nahm unsere Krankheiten auf sich und trug unsere Schmerzen. Und wir dachten, er wäre von Gott geächtet, geschlagen und erniedrigt! Doch wegen unserer Vergehen wurde er durchbohrt, wegen unserer Übertretungen zerschlagen. Er wurde gestraft, damit wir Frieden haben.

Durch
seine
Wunden
wurden wir
geheilt.
Jesaja 53,2-6

Ich bin ...

Ich bin der Erste und der Letzte
und der Lebendige. Ich war tot
und bin lebendig für immer und ewig!

Offenbarung 1,17-18

... der Erste
und
der Letzte

Vom Anfang bis zum Ende

Bevor du Himmel und Erde geschaffen hast, warst du schon.
Ohne Anfang und ohne Ende kommst du aus der Ewigkeit.

Zeit, Raum und Dimensionen
können dich nicht einschränken. Du bist grenzenlos.

Mit den Worten „es werde" hast du den Verlauf
unserer Weltgeschichte angestoßen.
Bevor es wurde, warst du schon da.
Es fühlt sich an, als wäre es eine Unendlichkeit her,
doch für dich ist unsere menschliche Zeit nur ein Augenblick,
ein kurzer Moment.

Seitdem wachst du über unseren Planeten
und bewahrst ihn. Solange, bis du die Geschichte
der Erde zur Vollendung führen wirst. Du bist da,
zu jeder Zeit an jedem Ort. Immer, gleichzeitig und überall.

Du standest auch am Anfang meines Lebens
und kanntest mich schon, als mich
noch niemand sehen konnte.

Du hast mir den Atem des Lebens geschenkt
und seitdem bist du Tag für Tag an meiner Seite
und behütest mich.

Und wenn meine Lebenszeit sich einmal neigt,
dann wirst du auch mein Ende begleiten.
Von meinem ersten Atemzug bis zu meinem letzten
umgibst du mich von allen Seiten
und umschließt meine Lebenszeit.

Du bist die einzige Konstante in dieser Welt.
Verlässlich und unumstößlich, der Erste, der Letzte,
der Lebendige, der Ewige.

Gott ist
der Ursprung
von allem
und ist doch selbst
ohne Ursprung.

Gott ist
der Schöpfer
von allem
und ist selbst
kein Geschöpf.

Gott hat allem
eine Grenze gegeben,
ist aber selber
ohne Grenze.

Begegnung
mit dir

Lebensreise

Mein Leben ist eine Reise. Unterwegs bin ich, um dein und mein Ziel zu erreichen. Dabei begegnest du mir auf Schritt und Tritt. Als mein Leben begann, warst du schon da, und von dir bin ich gekommen. Du bist mein Ursprung. Du, der du selbst das Leben bist, hast mir den Atem des Lebens eingehaucht und hast mich auf die Lebensreise geschickt.

Mein Weg liegt klar vor mir, denn du bist mein Weg. Ich treffe auf Kreuzungen und sehe verheißungsvolle, bequeme Pfade, die mich locken. Warum nicht mal einen anderen Weg wählen? Neues entdecken? Doch wo führt er mich hin, der andere Weg? Bringt er mich an mein Ziel?

Immer wieder neu will ich mich entscheiden, bei dir, auf meinem manchmal rauen, aber guten Weg zu bleiben, denn du führst mich zu dem Ort, der mein Zuhause ist. Werde ich auf meiner Wanderung schwach und müde, so stärkst du mich. Du sättigst mich mit dir selbst, du Brot des Lebens und sprichst Worte, die mir neue Kraft verleihen. Zufrieden bin ich, wenn du meinen Hunger stillst.

Zuweilen werde ich von Dunkelheit umgeben, kann nicht klar beurteilen, verliere die Orientierung und taste mich suchend voran. Dann bist du mir Licht, leuchtest meinen Weg aus und lässt mich wieder klar sehen. Auf manchen Strecken bin ich einsam, ängstlich und fühle mich klein und verloren. Werde ich das alles schaffen? Reicht meine Kraft? Bin ich den Herausforderungen des Lebens gewachsen? Dann kommst du zu mir, mein Hirte und trägst mich

ein Stück des Wegs. Lässt mich auf deinen Armen ausruhen und die Welt aus einer anderen Perspektive sehen.
Bestätigst mich auf meinem Weg, auf dem ich unterwegs
bin. Auf der Reise mit dir durch mein Leben werde ich eine
andere.

Bleibe ich in dir, so nährst du mich, lässt mich wachsen
und Frucht bringen. So wie die Reben am Weinstock
bleiben, so will ich in dir bleiben, mich an dich hängen.
Nichts soll mich von dir trennen. Nur dann kannst du mich
gestalten und mich der Mensch werden lassen, den du dir
gedacht hast.

Und wenn meine Lebenszeit sich neigt, so weiß ich, dass
das keinesfalls das Ende bedeutet. Mit dir hat mein Leben

begonnen, mit dir wird es enden, denn du bist der Erste und der Letzte, der Ewige. Ich bin gewiss, dass ich zu neuem Leben auferstehen werde, denn du bist mir vorangegangen, hast das Grab verlassen und lebst! Ich werde deine Stimme hören, ich werde vom Tode auferstehen und dich als König in deiner ganzen Schönheit und Herrlichkeit sehen. Ich gehe durch das Tor hindurch, das zum ewigen Leben führt. Du bist das Tor.

Alle Fragen, alle Zweifel werden sich auflösen, denn ich erkenne, dass du die Wahrheit bist. Aus deinem Mund kommt keine Lüge. Wahrhaftig ist jedes Wort, das du sprichst. Geglaubtes darf ich dann sehen, mein Ziel ist erreicht, die Reise ist vollendet. Ich bin angekommen bei dir.

Wer den Sohn hat ...

Wer den Sohn hat, der hat das Leben.
Aber nicht nur das. Wer den Sohn hat,
der hat auch **Brot**, das sättigt,
der hat das **Licht**, dass das Leben erhellt,
der hat das **Tor**, den Eingang
zu einem Leben in Fülle,
der hat den **Hirten**, der sorgt,
der hat die **Auferstehung** von den Toten,
der hat den **Weg**, der zum Ziel führt,
der hat die **Wahrheit**, die vertrauenswürdig ist,
der hat den **Weinstock**, der nährt und verändert,
der hat den **König** voller Macht und Herrlichkeit,
der hat den Ersten, der „es werde" sprach
und den Letzten, der alles vollenden wird.

Ich habe den Sohn
und ich bin reich!

Erkenntnis

Weiß ich nun, wer du bist, Gott?
Kenne ich dich jetzt besser?

In deinem Wort bist du mir begegnet,
hast mir Facetten und Seiten deines Seins gezeigt.
Du hast mir Wesenszüge offenbart,
die ich bisher noch nicht kannte
und hast in mein Leben hinein gesprochen.

Ich habe verstanden,
dass du mich kleinen Menschen siehst,
dass du für mich sorgst
und es gut mit mir meinst.
Das schenkt mir tiefen Frieden.

Und doch will ich hier nicht stehen bleiben,
habe noch nicht genug von dir gehört,
will nicht aufhören, dich immer besser
kennenzulernen.

Du sollst Raum einnehmen in meinem Leben,
die Leere in mir ausfüllen,
denn du stillst alles Sehnen.

Ich warte auf dich,
sehne mich danach, dir nahe zu sein.
Ich warte auf deine Offenbarung
in der täglichen Begegnung mit dir.

Reingard Schwenger
Jahrgang 1963 und von Beruf
Medizinische Fachangestellte,
lebt seit zwei Jahren mit ihrem
Mann in Sachsen-Anhalt.
2012 erschien ihr erster Bildband
„Wunderwelt" (Brockhaus-Verlag)

Fotografen

Titelbild: Fotolia / Djama (2, 4, 7, 10, 121, 126)

Innenbilder: A. Will (14-15, 19, 22, 85, 102-103, 112-113),
W. Verhaege (16, 96-97), S. Grieger (20-21), G. Weissing (27, 42-43, 88),
A. Pohl SCJ (31, 116-117), P. Kleff (33), W. Rauch (44),
L. Conrad (45, 92-93), J. Vogt (62-63), K. Scholz (66),
G. Boßmann (68-69), R. Blesch (71), A. Seibert (82-83), F. Strauß (91),
W. Krebber (104), F. Stella (105), E. Tomschi (110-111), H. Wolf (112-113),
K. Puntschuh (114)

Von Fotolia: D. Drubig (30), Jojjik (24-35), L. Guo (36-37),
Druckingenieur (58-59), S. Razvodovskij (40), Beringfoto (55),
Chrisdorney (98)

Von Getty Images: SbytovaMN (25), T. Northcut (28), T. Schon (38),
C. Gallacher (51), M. Barbone (56), L. Pavlov (64), Klagyvik (73),
Vencavolrab (74-75), Krzych-34 (77), Stock Solutions (79),
Studio-Annika (80-81), Emevil (95), Long Tran The (106-107),
CarlosAndreSantos (118-119)

Von MEV: (39, 48-49, 52-53, 86-87, 108-109)

Von Pitopia: T. Ferber (46), Jo Ribo (60), S. Georgi (67),
G. Georgiew (101)

Bibelzitate aus
Neues Leben. Die Bibel © 2002 und 2006 SCM R. Brockhaus
im SCM-Verlag GmbH & Co. KG, Witten.

Empfehlungen aus unserem Verlagsprogramm

Doro Zachmann
ICH BIN DA, DIR GANZ NAH
Gottes liebevolles Reden hat uns so viel
Ermutigendes zu sagen. Seine Zusagen
gelten in jeder Lebenssituation. Einfühlsam
öffnen Sie das Herz für die himmlische Sicht
auf zentrale Lebensthemen wie Vergebung,
Trost, Führung, Hoffnung oder Segen.
Bildband, 96 Seiten, 14 x 21 cm,
durchgehend bebildert.
RKW 5112 · ISBN 978-3-86338-112-7

Barbara Kretschmann
VON EINEM GOTT,
DER MICH NICHT ÜBERSIEHT
Wie Gottes liebevoller Blick einen Menschen
verändert · Gott kennt uns und weiß, was
wir brauchen. Das zeigen die biblischen
Geschichten, in die uns dieser emotionale
Bildband auf einzigartige Weise führt.
Begegnungen mit Jesus verwandeln, damals
wie heute. Berührend und eindrücklich span-
nen die meditativen Texte den Bogen vom
Vorher zum Nachher.
Bildband, 96 Seiten, 14 x 21 cm,
durchgehend bebildert.
RKW 5129 · ISBN 978-3-86338-129-5

Johannes Hansen
UNENDLICH GEBORGEN
56 Psalm-Meditationen für das ganze Leben
Sie sind eine Sammlung aus bekannten
und noch nicht veröffentlichten Texten.
Sensible Gedanken, provozierende Impulse
und mitreißende Wortketten nehmen Sie
in eine Besinnung hinein, die Ihr Denken
und Handeln verändern kann.
Bildband, 128 Seiten, 14 x 21 cm,
durchgehend bebildert
RKW 777 · ISBN 978-3-88087-777-1

Pater Andreas Pohl SCJ
EIN STÜCK BROT FÜR DEN TAG
„Der Mensch lebt nicht vom Brot allein ...".
Die Seele will auch leben und sie lebt
vom Wort, sogar auch von einem Bild,
und davon, wie sie von beiden berührt wird.
Dieser „geistliche Proviant" in Texten, Gebeten
und Bildern lädt zum Betrachten, Beten und
Meditieren ein. Ein Kraftspender für den Alltag.
Bildband, 128 Seiten, 12,5 x 17 cm,
durchgehend bebildert.
RKW 5131 · ISBN 978-3-86338-131-8